MARKETING PARA REDES SOCIALES

Como Construir Tu Marca Personal Para Convertirte en Influencer Mientras te Apalancas de Facebook, Youtube e Instagram.

Volumen 1

Por

Income Mastery

Tabla De Contenidos

¿QUÉ PROBLEMA VAMOS A RESOLVER?

Hoy en día, es difícil encontrar a alguien que no tenga un perfil en redes sociales. Esta presencia es aún mayor cuando el sector profesional en el que nos movemos se desarrolla entorno al mundo digital. Lo que digamos o mostremos en las distintas plataformas sociales repercutirá directamente en nuestra marca personal.

Tu marca personal está configurada por diferentes aspectos que deberás trabajar: presencia profesional y aspecto físico; comportamiento y comunicación, verbal y no verbal; red de contactos; presencia en Internet y en redes sociales.

Redes sociales, la herramienta para potenciar tu marca personal

Una de las herramientas clave para gestionar y potenciar tu marca personal serán las redes sociales. Utilizadas correctamente, pueden convertirse en el aliado perfecto para proyectarte públicamente. Aunque, empleadas de forma errónea pueden echar tu imagen por tierra. Para venderte bien, empieza por crear tu plan de marketing. ¡Empieza definiendo tus objetivos!

¿En qué red social explotar tu marca personal?

La presencia en una u otra red va a depender de esos objetivos que te hayas marcado, así como de otros factores como el tipo de mensaje que quieras mostrar o tu sector, entre otros. Aunque cada red social tiene su peculiaridad a la hora de ganar visibilidad y de desenvolvernos en ella, hay unas pautas básicas que debes seguir y que son comunes a todas.

- Incluir una imagen de perfil: ya sea una fotografía o un diseño original a modo de avatar.

- Completar al máximo la información de tu perfil: será la primera impresión que el resto de usuarios se llevan de ti. Puede ser determinante para que accedan o no a tu perfil. Explica brevemente quién eres, qué haces y un enlace a tu web, personal o de empresa.

- Compartir contenido: hazlo de forma adecuada, generosa, oportuna, inteligente y constante. Y antes de darle al botón de publicar, párate a pensar si es relevante y aporta valor. Ten en cuenta que, tus publicaciones deben tener relación con el sector o las temáticas en las que quieras posicionarte.

- Interactuar: trabaja tu presencia *online* conversando con el resto de la comunidad, con otros profesionales de tu mismo ámbito. Comparte opiniones, reflexiones, experiencias profesionales, artículos de tu blog. ¡No tengas miedo a exponer tu opinión! Es la clave para abrirte paso y hacer *networking*.

- Monitorizar y medir: tienes tu perfil actualizado, interactúas con la comunidad, compartes contenido pero, ¿te has puesto a analizar si estás consiguiendo los objetivos que te marcaste? Para ello, te recomendamos que periódicamente monitorices tu perfil, los de otros profesionales, así como contenido relevante relativo a tu ámbito profesional. Existen herramientas de *Social Listening-Analytics* que te proporcionarán estos datos. De esta manera podrás conocer qué publicaciones o contenido que compartes resulta más atractivo, de qué otros temas se está hablando, quiénes son tus principales seguidores, etc.

Tu marca personal en:

Linkedin

Es la red social profesional por excelencia. Así que, si de posicionar nuestra marca personal se trata, no puedes olvidar crear un perfil en esta plataforma. Además de exponer tu currículum versión 2.0 y de mantenerlo actualizado, destacando capacidades y habilidades que te diferencien del resto, una de las claves que te ayudará a alcanzar relevancia y visibilidad será redactar un buen extracto, incluyendo palabras clave.

Y, por supuesto, tendrás que mantenerte activo, interactuar con otros usuarios, compartir y recomendar contenido. De nada te servirá engrosar una lista de contactos si no te relacionas. Conecta con otros profesionales y cuando lo hagas, no te olvides de personalizar las invitaciones. Sí, sabemos que te da pereza, pero si quieres que esa persona acepte tu solicitud demuéstrale tu interés.

Tampoco olvides unirte a grupos con tus mismos intereses, en los que puedas aprender y mostrar tu trabajo.

Twitter

Twitter es una red social para generar conversación. Así que tendrás que mantener tu *timeline* activo. No solo debes compartir contenido propio, te recomendamos generar conversación en torno a otros temas relevantes, noticias del sector, etc.

Hay herramientas para programar contenido que pueden resultar muy útiles en esta tarea, pero una recomendación: no caigas en el exceso a la hora de automatizar contenido. Esto puede llevarte a programar publicaciones que resulten inapropiadas y muy desafortunadas con un acontecimiento repentino, y que haga mella en tu marca personal.

La clave para conseguir visibilidad, destacar tus publicaciones y generar conversación en torno a un tema estará en incluir *hashtags*.

Instagram

Aunque *Instagram* pueda parecerte una red social puramente de ocio, puede sacar a relucir tu lado más creativo y reforzar así tu marca personal desde un punto de vista mucho más íntimo.

Esta red social puede convertirse en un *portfolio* perfecto para mostrar tus trabajos profesionales con imágenes y/o vídeos o simplemente para mostrar el lado más personal. En este segundo caso, tu reto estará en encontrar el equilibrio entre lo *profesional* y lo personal, y conectar con tu público objetivo. Aprovecha la cercanía y "desenfado" que ofrece para mostrar tu imagen más humana. Ahora, cercano no quiere decir descuidado.

Como ocurría con *Twitter*, el uso de *hashtags* te van a permitir alcanzar a mayor número de usuarios y esa visibilidad puede ser clave para llegar a tu público objetivo.

Las marcas usan cada vez más las redes sociales para acercarse a sus consumidores y generar un vínculo más cercano con ellos. Sin embargo, desde el punto de vista del marketing, ¿están usando estas herramientas de la manera adecuada?

Recordemos que el marketing propone conocer a los consumidores para buscar satisfacer mejor sus necesidades. Por ello es importante saber cómo son los clientes en las redes sociales. Evaluaremos así la conveniencia de que nuestra marca ingrese a una determinada red y cómo interactuar con los seguidores.

Los principales usos en marketing de las redes son construir marca y fidelizar. Se busca interrelacionarse con el público, entregarles contenidos relevantes y procurar que se comuniquen con la empresa a través de opiniones y proponiendo temas. Facebook es el canal que mejor funciona hoy en día para este tipo de estrategia. YouTube también sirve bien, si se trabaja con contenidos audiovisuales.

SABÍAS QUE...

- Atención a todo. Otro uso importante del marketing en las redes sociales es promocionar y vender productos, y resolver quejas o consultas.

- Microblogging Twitter es un canal útil para contestar inquietudes de los clientes. Tiene alta capacidad de interacción en línea y potencial para generar 'viralidad'.

A pesar del entorno de crisis económica global, el mercado digital evoluciona año tras año, convirtiéndose en uno de los principales motores de crecimiento. La velocidad en la que se han adaptado las nuevas tecnologías no tiene comparación histórica. Mientras que la radio tardó treinta y ocho años en conseguir una audiencia de cincuenta millones de personas y la TV trece, el Internet lo logró en tan sólo cuatro años. Y los nuevos medios han catalizado la aparición de modelos innovadores de negocio y organizaciones que, en pocos años, se han erigido en líderes en sus respectivos sectores. Se trata de una nueva revolución digital.

Pero, ¿por qué el Internet supone un cambio tan radical en nuestra manera de comunicarnos y hacer negocios? Puestos a enumerar argumentos sobre la importancia de la economía digital en la sociedad actual podríamos hacer una lista interminable, pero hay algunos factores que la distinguen de forma sustancial:

> La interactividad y conectividad sin límites. Asistimos a la aparición de nuevos medios de comunicación masivos que permiten la comunicación multidireccional de forma muy eficiente, en tiempo real y sin barreras geográficas.

11

> La versatilidad. El Internet realmente no es otra cosa que un protocolo de comunicación, lo que permite ser soportado por múltiples dispositivos: TV, teléfono móvil, smartphones, tablets, electrodomésticos, por supuesto, el ordenador. Existe una disociación entre hardware y contenidos de forma que los usuarios demandan poder acceder a su información desde cualquier dispositivo. Todo un reto.

> Medición de resultados. A diferencia de otros medios, Internet permite medir con total exactitud los resultados de cualquier campaña o acción que realicemos, a través de múltiples métricas orientadas a medir, controlar y monetizar nuestros objetivos. Y todo en tiempo real.

> Transaccionalidad y accesibilidad. Por primera vez en la historia podemos terminar la transacción dentro del mismo medio de comunicación: Es lo que llamamos e-commerce. Buscas, eliges, pagas, lo tienes. Todo ello en no más de tres clicks.

> Por último, pero no menos importante, el Internet supone la ruptura con los modelos tradicionales de distribución. Permite desintermediar completamente la cadena de distribución (y por tanto de costes), por lo que el contacto cliente – empresa llega a ser 100% directo.

Dentro de este mundo digital, el sector del e-commerce está en expansión. Es un nuevo canal de venta electrónica y comunicación que crece gracias al aumento de los accesos a Internet, a los dispositivos móviles, y a los nuevos hábitos de la demanda. En los últimos años han aparecido nuevos proyectos en el mundo del e-commerce en la mayoría de sectores económicos que en pocos años se han convertido en líderes en sus sectores. Esta aparición de nuevos competidores ha obligado a las empresas tradicionales de retail a tener presencia en el mundo digital. Nuevos paradigmas son necesarios para triunfar en estos sectores.

Y para poder tener éxito profesional en este sector, es necesario adquirir una serie de competencias y capacidades para poder conceptualizar, implementar y gestionar un negocio basado en el e-commerce.

Tu marca personal en las redes sociales habla mucho de ti.

Básicamente, su construcción está íntimamente relacionada con tu credibilidad, acaso el capital más importante que tenemos los emprendedores.

Aprende a gestionar tu trabajo a partir de tu marca personal, independientemente del medio en el que trabajes. Conoce casos de éxito y accede a una guía de consejos prácticos que puedas adaptar a tu realidad y a base de eso sacarle partido.

¿CÓMO CONSTRUIR TU MARCA PERSONAL EN REDES SOCIALES?

Antes de pasar al tratamiento de la marca personal en las redes sociales te hablaré mínimamente de lo que es una marca personal. Es imprescindible para luego poder aplicar el concepto general en las propias redes.

Decidir trabajar en tu propia marca personal o en la de un cliente es un trabajo en sí mismo. Y este proceso comienza por un cambio de actitud general en tu vida.

Por tanto, no es una decisión, es un cambio. En este proceso deberás conseguir autenticidad, ser tú mismo, y sacar esa parte que te hace único y diferente al resto. Esa distinción frente a la competencia, eso que te hace único, es la marca personal.

¿Qué es la marca personal?

Crear una marca personal es una sucesión de acciones, como crear, identificar, definir, diseñar, construir, aumentar, medir y, finalmente, mejorar.

"Marca personal es todo aquello que haces… y todo aquello que NO haces…"

Esa es la mejor definición sobre marca personal. Se trata de una definición cuyo 50% inicial es del maestro Andrés Pérez Ortega. *La segunda parte de la frase es de autoría propia.*

¿CÓMO GESTIONAR TU MARCA PERSONAL A TRAVÉS DE LAS REDES SOCIALES?

La marca personal no sólo pertenece a las personas, también las entidades o empresas tienen su propia marca personal o institucional. Del mismo modo puede que en el futuro tengas que gestionar la marca personal de algún cliente.

Cuando tú eres la empresa...

Cuando tú eres la empresa, tu acercamiento a las redes sociales debe ser orientado a tu público. Más del 80% de las personas confía en los comentarios e informaciones de la gente que conoce. Ese dato te indica cómo de importante es tener un acercamiento correcto a las personas a través de las redes sociales u otros canales online.

Consejos para gestionar tu marca personal en redes sociales

Muestra consistencia en la imagen que transmites en redes.

No hay demasiado que añadir a esta indicación pero, aun así, voy a detallarla un poco más:

- Muestra a los demás la misma imagen en todas las redes sociales y web. Eso incluye las imágenes, los vídeos, lo que escribes y la manera en la que lo escribes. Habla de tú o de usted con coherencia (es decir, igual en todos los medios).

- Dirígete a tu audiencia de la misma manera en las redes sociales y en tu página web, salvo que utilices alguna red social con un marcado componente de edad o características propias que puedan hacerte pensar en utilizar un tono más desenfadado, o más serio. Tú mejor que nadie debes conocer a tu audiencia y saber cómo es tu marca personal en cada situación.

- Si antes utilizabas las redes sociales mostrando en lado salvaje de tu vida, es hora de tomar una decisión: evoluciona hacia un perfil más serio *(tampoco tienes que eliminar todo lo que significa hobby o familia, porque todos tenemos vida privada)*, o crea nuevos perfiles con una imagen profesional y deja los actuales para seguir como los estabas utilizando. Si tus perfiles tenían todos motes, y no tu nombre real, estás de suerte. Es el momento de crear perfiles en Facebook, Twitter,

Instagram o Youtube con un aspecto nuevo y diferente.

- Ofrece direcciones e informaciones coherentes. Tus perfiles deben tener todos algo en común en la dirección, si bien sería mejor que siempre fuera la misma.

Crea un calendario editorial que aporte variedad de temas sobre los que escribir. Debe ser un calendario de al menos tres meses e, idealmente, seis.

Encuentra los grupos adecuados

Tanto en Facebook, como en LinkedIn, puedes unirte a los grupos adecuados en los que aprender, mostrar tu conocimiento y expandir tu imagen de marca.

En Twitter lo que puedes hacer es crear listas de personas a las que sigues por apartados de conocimiento para tener una ligera organización. Luego, puedes eliminar a esas personas, para así compensar la cantidad de gente a la que sigues, y los que te siguen. Nadie quiere mostrar que sigue a 6357 y le siguen 16...

(Fuente: estudio iab redes sociales -)

La marca personal requiere un esfuerzo constante

Construir y mantener una marca personal es un trabajo, y como tal debe ser tratado.

Adapta tus publicaciones y el contenido a tu audiencia.

Elige las RRSS en las que estar presente (perdón, un negativo para mí: no se eligen las redes sociales en las que está la audiencia de cada un@, sino que se miden y se decide dónde se quiere estar, siempre dependiendo del tiempo que podamos dedicar y, en su caso, del presupuesto –nuestro, o del cliente).

Marca un calendario editorial. Esto es fundamental, pero recuerda que no siempre podrás ceñirte al guión y existen diferentes tipos de noticias que requieren ser publicadas de inmediato. Recuerda que Metricool te permite usar un planificador para tus publicaciones en redes sociales.

Haz publicaciones exclusivas para cada red social

Facebook, Instagram, YouTube, LinkedIn y, sobre todo, Twitter, ofrecen una agilidad que nunca va a tener tu página web o blog. Aprovecha esa ventaja y crea contenido exclusivo para ellas.

En LinkedIn, además de publicar contenido de calidad, modifica tu perfil con asiduidad. Además de destacar por las modificaciones, eso querrá decir que tienes nuevas actitudes que tus contactos podrán aprobar.

Como he dicho, no te limites a publicar en Facebook y LinkedIn sólo lo que publicas en la web. Primero, porque sólo publicarías una o dos veces a la semana, a no ser que seas un/a adelantad/a creando contenido. Segundo, porque es probable que muchos seguidores lleguen a conocerte a través de las redes. Ofréceles algo adicional. Tercero: las publicaciones en las redes sociales son bastante efímeras. Un link de un artículo publicado el martes estará olvidado el jueves (o el mismo martes si hablamos de Twitter).

Por tanto, ofrece pequeñas píldoras durante la semana: pensamientos, anécdotas personales, historias del trabajo o reflexiones individuales. Provoca en tu público recordar que estás ahí y cuál es tu esencia.

Puedes conocer en qué redes está presente tu audiencia accediendo a estudios de población fácilmente accesibles en la red. Te dejo un estudio de ejemplo, pero hay muchos realizados por el INE y otros institutos, tanto públicos, como privados:

(Fuente http://www.iabspain.net/wp-content/uploads/downloads/2016/04/IAB_EstudioRedesSociales_2016_VCorta.pdf)

Es mejor que te centres en dos RRSS con contenido constante y de calidad que publicar esporádicamente en seis de ellas con contenido de otros y artículos de poca importancia.

Decide en qué eres buen@ y sigue en esas redes. Puedes ser mejor grabando vídeos que escribiendo, o mejor fotógrafo que grabador de vídeos.

Diversifica el contenido

Ya sé que te he dicho antes que te centres en un máximo de tres temas de conocimiento. Pero no trates siempre los temas desde el mismo punto de vista. Intenta ofrecer perspectivas diferentes y combina los temas que controlas con herramientas, procedimientos y estrategias diferentes.

Si escribes siempre sobre lo mismo y de la misma manera, aburrirás a tu audiencia, te encasillarás como persona que ofrece conocimiento y te empobrecerás como investigador. Además, canibalizarás tus propios contenidos, lo cual penalizará gravemente tu posicionamiento en buscadores*.

Hay que transformarse en un contador de cuentos para que lo que contamos se quede en el cerebro de nuestra audiencia. Y eso tienes que practicarlo si no lo tienes naturalmente. Se pude entrenar como cualquier otra cosa. ¡Prueba!

Branding personal y redes sociales

Haz buenas publicaciones

Este es un consejo básico, pero debes tener en cuenta que no lo cumplen a veces ni las grandes empresas.

Cada red social tiene sus propios formatos para las imágenes. Si decides crear una publicación con una imagen y un link, ten en cuenta cuál es el formato y el tamaño que queda mejor en cada una. Lo mismo si es un vídeo.

En Facebook, los vídeos de YouTube no quedan bien si pones la URL directamente. Descarga el archivo (*Atubecatcher.com*) y súbelo desde tu ordenador.

Tanto en Facebook, como en LinkedIn, si simplemente publicas un link a un artículo de tu blog (o de otra página en la que has leído algo interesante que quieres que tus contactos puedan leer), debes esperar unos instantes mientras la página da previsualización a ese link, y muestra un pequeño cuadro con una imagen y las primeras palabras del texto de ese artículo. Luego, debes borrar el link para ofrecer un aspecto más limpio y profesional en la publicación.

Si esto no sucede, debes hacer que tu blog sea previsualizable. Puedes conseguirlo modificando el código .php del archivo correspondiente en WordPress o en la herramienta que sea que utilices para tu página. Es más sencillo hacerlo con un plug in, que puede ser ShrinkTheWeb (STW) Preview PlugIn para WordPress, de nuevo.

Social Media y Branded Image

Estudia a los "influencers", relaciónate y colabora con ellos.

Influencers son aquellas personas que tienen autoridad en un campo determinado y que nos pueden aportar publicidad. En nuestras relaciones con ellos debemos ir paso a paso, ciñéndonos a su ámbito de interés.

Por lo tanto, conócelos. Haz un listado con los "influencers" de tu sector. Síguelos en las redes. Visita sus blogs. Investiga sobre su trabajo. Quédate con lo que más te guste. Házselo saber. Deja comentarios en sus blogs. Síguelos en Twitter. Envíales emails. Solicítales conectar en LinkedIn una vez hayas cumplido alguno(s) de los pasos anteriores. Poco a poco, cuando te sientas con autoridad suficiente, comparte cosas con ellos.

No te limites al mundo virtual. Acude a actos en los que intervengan. Promueve esos eventos con tus contactos. Charla con ellos. Ofrece una imagen profesional (profesional no quiere decir ser demasiado serio).

Intercambia pareceres. Escucha y déjate conocer.

Lleva tarjetas de visita. La tarjeta de visita perfecta del profesional 2.0 debería contener, únicamente, la dirección de tu sitio web. ¿Sería un punto ofrecer tus servicios y dar esta tarjeta a un contacto recién hecho, no?

Muévete. Vas a tener que moverte y acudir a eventos. La marca personal no es sólo para redes sociales, es tu huella digital y está presente tanto en el on como en el off.

Ofrece

Si quieres construir una marca personal importante, ofrécete. Y, en este caso, ofrécete en las redes. Pregunta a tus contactos qué puedes hacer por ellos. Sinceramente.

El CEO del conocido portal BeBee, Matt Sweetwood, cree que esa es una manera sensacional de hacer crecer la marca. Si realizas esa conexión personal y haces sentir a tus clientes que te preocupas y que son más que una fuente de ingresos, te los ganarás para siempre.

A tu nivel, más humilde y como emprendedor, puedes comenzar por ofrecerte a tu familia y amigos. Ojo, eso no quiere decir que le hagas gratis la página web a la empresa de tu cuñado. Pero puedes aconsejar y participar en la estrategia de marketing de alguna persona cercana.

Intenta llegar al hábito de contactar al menos con una persona a la semana para ofrecerle ayuda y colaboración. Verás que no es una acción tan altruista como crees. Te sentirás tan bien que casi diría que es egoísmo…

Pregunta

Es la mejor manera de aprender y de hacerte notar. Una pregunta no te hace quedar como tonto. Al revés. Una pregunta inteligente o acertada supondrá un reto para el preguntado y un gran aprendizaje para ti. Además, esa pregunta puede llevarte donde no imaginas.

Influencers y Marca Personal

Discute. Debate. Conversa.

Muestra tu punto de vista. Tú eres tu marca. Sin ser irrespetuoso, charlatán o maleducado, debes lanzarte a dejar conocer tus opiniones.

Te sentará bien comprobar que perteneces a ese grupo en el que querías entrar. Que tu nivel en muchos temas no tiene nada que envidiar a los del resto o que, simplemente, tienes el mismo derecho a expresarte que los demás. Simplemente el foro y el momento deben ser los adecuados.

Mi abuela me lo dijo siempre: "todo se puede decir, con tal que se sepa decir". Lo tengo apuntado en unas hojas de proverbios junto a proverbios y dichos que guardo en algún sitio y que leo de vez en cuando.

CONSEJOS PARA DEJAR HUELLA CON TU MARCA A TRAVÉS DE LAS REDES SOCIALES

Como habrás visto, es complicado separar la acción en las redes sociales de lo que haces fuera de ellas cuando personalizas, desarrollas, mejoras y difundes tu marca personal en las redes sociales. Incidiendo en lo más importante, debes quedarte con:

Constancia: sé paciente y ve paso a paso. Es una estrategia que lleva cierto tiempo. Debes crear una buena red de contactos de calidad.

Concreción: al mostrar tu conocimiento, pero variando los puntos de vista.

Trabajo: si has llegado hasta aquí es por un trabajo bien hecho. Sigue con él. Siempre.

Innovación: nadie ha escrito ya todo (ni mucho menos) sobre la marca personal en las redes sociales. Sé tú mismo y traza tu propio camino.

Lo último que voy a comentarte es casi lo más importante: trata bien el contenido de tu marca personal en las redes sociales, pero no olvides que cada red pertenece a su propietario (LinkedIn, Twitter, Facebook, etc). Aunque estas líneas hayan ido de tu marca en las redes sociales, tengo que hacerte ver que sólo tu página y tu blog te pertenecen y en ellos debes potenciar tu MP, o personal branding, sabiendo sacar un provecho adecuado a las RRSS. Así que, ponte manos a la obra.

Y tú ¿Vas a dejar huella con tu marca personal?...

Estrategias de marketing en las redes sociales: 8 tácticas que no te puedes perder

De acuerdo con el reporte anual de The Global State of Digital in 2019 creado por Hootsuite y We Are Social el 52% de la población mundial utiliza redes sociales. Esta enorme audiencia global que utiliza estos canales representa un mercado vasto de oportunidad para cualquier empresa, sin importar su tamaño. Una oportunidad para crear las estrategias de marketing que permitirán que el alcance de tu negocio se extienda al mundo digital.

Sin embargo, para que tus esfuerzos de marketing en redes sociales rindan frutos, lo primero que necesitas tener es una estrategia. A continuación, te presentamos los conceptos básicos que debes tomar en cuenta a la hora de planear tu estrategia de marketing.

Índice

La nueva era del marketing

Estrategias de posicionamiento en las redes sociales.

Para comenzar a planear tu estrategia de marketing en redes sociales, primero necesitas plantearte cuáles son tus objetivos. Cualquiera que sean las especificaciones de tus objetivos, es importante tener un elemento diferenciador para colocarse como un referente en las mentes de tus consumidores. Si no tienes objetivos puntuales, te será muy difícil medir tu éxito y el ROI en tus reportes. Hazte preguntas como:

- ¿Quiero generar conocimiento de mi marca y aumentar su percepción?

- ¿Quiero gestionar la reputación de mi negocio?

- ¿Mi propósito es incrementar las ventas?

- ¿Dar servicio al cliente?

- ¿Aumentar el tráfico hacia mi sitio web?

- ¿Hacer investigaciones de mercado para conocer más a mi audiencia?

- ¿Ser líder de mi nicho?

Una vez que tengas delimitados tus objetivos, estos serán una guía para saber qué tipo de contenido necesitas brindarle a tu audiencia, en qué formato y cuáles son las mejores prácticas para tu marca a la hora de invertir en anuncios. Facebook Ads es una gran herramienta para simplificar y optimizar esta parte, ya que la plataforma ofrece una variedad de opciones personalizables de acuerdo con tus objetivos.

Por ejemplo, digamos que el objetivo de una de tus campañas es el reconocimiento de marca. Este tipo de anuncios presentan la oportunidad perfecta para mostrar la cultura detrás de cámaras de tu negocio y el equipo que lo hace posible. Sin embargo, si tu objetivo es incrementar el tráfico a tu sitio web, entonces los anuncios de tu campaña se verán muy diferentes y tendrán elementos como un CTA. La creación del contenido es tarea tuya, pero a través de las opciones de segmentación avanzadas y el seguimiento del rendimiento de tus anuncios, Facebook se asegura de que tu anuncio tenga el mejor desempeño posible, llegue a las personas adecuadas y se vuelva memorable en la mente de tus clientes.

Estrategias de segmentación en redes sociales.

Como mencionamos arriba, para que tus estrategias de marketing cumplan con sus objetivos, necesitas asegurarte que tu contenido esté llegando a la audiencia correcta. Aquí es donde entran las estrategias de segmentación, una herramienta vital para que tu contenido llegue a las personas que puedan estar más interesadas en tus servicios o productos.

Buyer Persona.

El primer paso es conocer a tu audiencia, y la creación de una buyer persona es una gran táctica para hacerlo. Una buyer persona es un personaje semi ficticio que representa a tu cliente ideal. Para crear este prototipo de cliente y concretar un perfil, es necesario llevar a cabo un análisis de audiencia para descubrir patrones en la demografía e intereses de tus clientes. Utiliza las herramientas de análisis de redes sociales para extraer los datos necesarios para crear estos perfiles. Plataformas como Facebook, Instagram y Twitter, entre otras, ofrecen un reporte gratuito con información valiosa sobre las personas que interactúan con tu marca en línea, incluso si aún no son tus clientes.

Pensar en la buyer persona como un cliente real te ayudará a tomar decisiones informadas a la hora de elaborar el contenido correcto para los consumidores correctos. Por ejemplo, Netflix es una compañía global que se dirige a una audiencia con un rango de edad muy amplio. En su plataforma, puedes encontrar contenido dirigido a todo tipo de nichos, desde caricaturas para niños, documentales sobre el planeta tierra, dramas internacionales galardonados y telenovelas, entre muchos, muchos otros. Sin embargo, su contenido en redes sociales, particularmente en Instagram, tiene un claro enfoque hacia una audiencia juvenil. ¿Coincidencia? Aunque no conocemos los secretos de marketing de este gigante del streaming, probablemente, esta no es una decisión al azar y es muy posible que sea el resultado de una investigación de mercado donde extrajeron la demografía e intereses de sus seguidores en Instagram y se percataron del rango de edad y patrones de comportamiento de sus seguidores.

Facebook Insights es una gran herramienta de segmentación para maximizar el esfuerzo de tus anuncios (y presupuesto). Gracias a sus características de segmentación, puedes dirigirte a diferentes tipos de público de acuerdo con su edad, género, ubicación, idioma, conexiones a internet e intereses. Facebook ofrece tres tipos de audiencias segmentadas:

- Público objetivo principal: gracias a los algoritmos y datos recopilados por Facebook, con esta función puedes dirigirte a las audiencias que tengan el mayor potencial de comprar tus productos.

- Públicos personalizados: dirige tus anuncios a las personas que ya conoces o con las que ya has interactuado usando la información que ya tienes disponible.

- Audiencias similares: nuevas audiencias combinando las audiencias personalizadas con los anuncios dirigidos de Facebook.

Conviértete en un experto en el mundo de los Facebook Ads. Aprovecha al máximo tu presupuesto de anuncios con AdEspresso de Hootsuite o Hootsuite Ads, dos herramientas poderosas que facilitan la creación, administración y optimización de tus estrategias de marketing.

La nueva era del marketing

Todo mercadólogo estará familiarizado con la estrategia del mix comercial (marketing mix) y las cuatro variables que lo componen, las famosas "4 P's del Marketing": producto, precio, punto de venta y promoción. Pero ¿siguen siendo estos conceptos aplicables a una estrategia de marketing en redes sociales? ¡Por supuesto! Solo hay que adecuarlos al mundo en línea.

- Producto

Ya sea un artículo físico, un servicio o una experiencia, el producto es una parte clave de tu campaña. Antes de la era digital, los clientes se basaban en una experiencia sensorial para determinar la calidad y viabilidad del producto. En la actualidad, tu producto en sí es tu contenido y el formato en el que decidas presentarlo. Por esta razón, la calidad de tu contenido es vital y un gran reto. Sin embargo, es también una gran oportunidad, ya que dentro de las redes sociales existen una increíble variedad de formatos para presentar tu producto y resaltar todas sus características. Este punto lo exploramos a fondo en la última "P": promoción.

Otro elemento que ha cambiado considerablemente gracias a la conectividad del internet es que los clientes pueden acceder a las opiniones y reviews de tu producto de manera inmediata y así informar su opinión de compra. Una herramienta que te puede ayudar para mantenerte informado en tiempo real de las opiniones y el sentimiento que está generando tu marca o un producto en específico es el social listening. La escucha social es la práctica de monitorear todas tus redes sociales para descubrir todas las menciones de tu marca, tus productos y tus competidores. A través de un solo panel, Hootsuite facilita el monitoreo de estas palabras claves y conversaciones en las redes sociales. Con el social listening, puedes procurar que tu producto siempre mantenga una buena imagen y unirte a las conversaciones que suceden alrededor de él. Hootsuite Insights es un gran aliado en esta parte, ya que te permiten monitorear más de 100 millones de fuentes de datos e incluso realizar un seguimiento del sentimiento por ubicación, idioma y género.

- Precio

Para muchos consumidores, el precio es el elemento decisivo que resulta en una compra o no. La accesibilidad que nos da el internet para poner a la venta nuestros productos ha reducido los costos de operación para muchas empresas. También, esto ha aumentado la competencia, sin importar qué tan reducido sea tu nicho. Además, los usuarios pueden comparar tus precios con el de tus competidores inmediatamente para informar su decisión de compra. Por esta razón, fijar un precio adecuado, que sea atractivo para tus consumidores y además sea redituable para ti, es una de las tareas más laboriosas y sensibles del mercadólogo digital. Ayúdate en esta parte con herramientas como Brandwatch para siempre mantenerte actualizado de lo que sucede en tu nicho y con tus competidores.

- Punto de venta

El punto de venta es el lugar en el cual decides vender tu producto. Gracias al apogeo del E-commerce (comercio electrónico) y en particular del M-Commerce (donde los usuarios pueden efectuar compras desde sus dispositivos móviles) cualquier empresa puede vender sus productos en línea, lo cual ha transformado y simplificado el proceso de compra notablemente. Para esta parte, es necesario hacer una investigación de mercado para averiguar en qué lugar del universo digital se congregan tus consumidores. De esta manera, podrás decidir, por ejemplo, si las compras directas en Instagram son viables para tu empresa o si Facebook Marketplace se ajusta más a tu perfil. Esto no es tan complicado como suena. Como mencionamos anteriormente, las redes sociales más populares ofrecen un reporte estadístico gratuito –como Instagram o Twitter Analytics o Facebook Insights– sobre el desempeño de tu empresa en estos canales.

- Promoción

De las cuatro "P's", este es el punto que más ha cambiado en las estrategias de marketing en la era digital. Muchas veces también denominado como "Publicidad", este punto se refiere al formato en el cual decides presentar tu producto. De acuerdo con el reporte anual de The Global State of Digital in 2019 creado por Hootsuite y We Are Social, Facebook tiene un alcance publicitario (la cantidad de usuarios a los que pueden llegar con sus anuncios) de 82 millones a nivel global. Por supuesto, este alcance que nos ofrecen las redes sociales ha cambiado la transmisión y el contenido de nuestros mensajes por completo.

Para elegir el mejor canal para presentar tu producto y cumplir tus objetivos, hazte preguntas como:

¿En dónde se congregan mis clientes?

¿Con qué tipo de contenido recibo más interacciones: imágenes, videos, historias, etc.?

¿Qué papel juegan los anuncios en mi estrategia de marketing de promoción de contenido?

Nuevamente, las respuestas a estas preguntas se encuentran en tus métricas de redes sociales, y Hootsuite Analytics te puede ayudar con esto.

A continuación te presentamos 5 tácticas puntuales basadas en esta información que puedes implementar en tus estrategias de marketing en redes sociales.

Ocho estrategias de marketing que no te puedes perder

1. Presenta tu contenido en nuevos formatos

Todos sabemos que las imágenes y los videos consiguen más interacciones que una publicación con texto. También, sabemos que las historias están conquistando a los usuarios en redes sociales. Ahora, es momento de dar un paso más allá, salir de la zona de confort y utilizar nuevos tipos de medios como videos 360°, live photos, realidad virtual y IGTV. HBO es una de las compañías que ha utilizado algunos de estos nuevos formatos inmersivos a su favor, tal y como lo hicieron en sus diferentes campañas de la exitosa serie de TV "Game of Thrones".

Videos 360°

IGTV

Uno de los más grandes alicientes de la era digital es la posibilidad de aprovechar los avances tecnológicos para tu beneficio.

2. Utiliza públicos similares en tus estrategias de marketing

La herramienta de audiencias similares es una gran aliada para encontrar nuevos clientes. La plataforma se basa en las características de tu audiencia objetivo (los clientes con los que ya has interactuado) para encontrar nuevos prospectos, integrarlos a tu embudo de ventas y así mejorar el rendimiento de tus anuncios.

Los públicos similares en Facebook, por ejemplo, se basan en diferentes públicos objetivos (o públicos semilla) dependiendo del objetivo que quieras alcanzar. Por ejemplo, si tu objetivo es incrementar tus ventas, Facebook se guiará con los clientes que más han visitado tu sitio web.

Para extraer información valiosa de esta práctica, necesitas probar con diferentes públicos y medir su rendimiento. ¿Cuál te funciona mejor? Descubre cómo construir una audiencia familiar con el administrador de anuncios de Facebook.

Con Hootsuite Ads, puedes controlar todos tus anuncios desde una misma plataforma.

3. Pruebas A/B para optimizar tu contenido y estrategias de marketing

Las pruebas A/B son una herramienta de investigación súper valiosa para probar pequeñas variaciones en tus contenidos publicitarios para determinar cuál es el más efectivo para tu audiencia objetivo. Por ejemplo: estás a punto de lanzar un nuevo producto y te encuentras planeando la campaña. Sin embargo, no estás seguro si un anuncio con video o un anuncio con fotografías sea lo mejor para tu audiencia, o tienes dos copys para acompañar tu imagen y no sabes cuál utilizar. Una prueba A/B te permite probar los dos diferentes tipos de anuncios y medir los resultados a través de distintas variables para descubrir en qué formato propicia más interacciones con tus clientes.

Con el tiempo, podrás obtener información que te ayudará a adaptar tu contenido para cada red social y para cada público en específico, lo cual te ayudará a refinar tu estrategia de marketing en redes sociales.

Comprueba el rendimiento de tu estrategia de marketing.

Llegó el momento de crear tu reporte mensual: ¿cómo compruebas que tus estrategias de marketing están rindiendo frutos? Estas dos herramientas serán de gran ayuda:

Píxel de Facebook

El píxel de Facebook es un fragmento de código que puedes instalar en tu sitio web para darle seguimiento a las acciones que realizaron los usuarios en tu página después de ver un anuncio en Facebook.

Gracias a las cookies que le dan seguimiento a las interacciones con tus clientes, el píxel de Facebook te ayuda a garantizar que tus anuncios sean vistos por las personas que tienen más probabilidades de realizar la acción que deseas. La gran ventaja de esto es que te permite mejorar tu tasa de conversión de anuncios (es decir, saber si tus anuncios realmente están logrando que el cliente realice una acción) y obtener un mejor retorno de la inversión. Este código también funciona para optimizar tus anuncios y construir audiencias.

En el blog de Facebook para Empresas, la plataforma registró el caso de éxito de la universidad Columbia Central University ubicada en Puerto Rico cuando lanzó una campaña de conversión enfocada en generar más suscripciones de alumnos de nuevo ingreso con ayuda del píxel. La campaña consistía en videos e imágenes mostradas en Facebook que reflejaban la vida escolar dentro de la universidad y el Facebook Pixel les ayudó a segmentar la audiencia para llegar a nuevos clientes y medir las conversiones en el sitio web de la institución para después volver a promocionar sus anuncios a públicos similares.

(Fuente: Facebook para empresas)

Estas fueron las cifras que lograron:

- 71% de incremento en la captación de prospectos

- 80% de aumento en el tráfico del sitio web

- 12X el retorno de la inversión

Checa nuestra guía completa del Píxel de Facebook y comienza a usarlo hoy mismo.

Hootsuite Analytics

Con Hootsuite Analytics, puedes visualizar reportes detallados con datos tangibles y cuantificables. Con esta herramienta de análisis puedes medir el éxito de tus campañas y estrategias de marketing en tiempo real sin tener que revisar el reporte de Analytics de cada red social por separado. Con paneles de control fáciles de usar y la opción de crear un número ilimitado de reportes, puedes analizar métricas como publicaciones, seguidores, interacciones y tráfico de plataformas como Facebook, Twitter e Instagram en un solo lugar. De esta manera, podrás saber qué es lo que está funcionando, qué tienes que mejorar y en dónde te conviene concentrar tu presupuesto.

4. Mantente creativo y actualizado

El mundo del marketing digital y las redes sociales es un espacio en constante evolución, así que es esencial mantenerse a la vanguardia de todo lo que está ocurriendo en este microcosmos.

Para conocer las noticias más relevantes de la industria publicitaria en tu día a día, configura un lector RSS como Feedly o Syndicator Pro de Hootsuite para monitorear en tiempo real las últimas publicaciones de sitios como, Merca 2.0, Adweek y, claro, el blog de Hootsuite. Esto te ahorrará mucho tiempo, ya que no tendrás que visitar cada página web individualmente y checar su contenido.

También, es importante que continúes tu educación. En nuestra lista de cursos para community manager en línea, podrás encontrar opciones para estimular tu creatividad, mejorar tu edición de contenido y para volverte un experto en Facebook Ads y en branding.

5. Promociona tu contenido en todas tus plataformas (Cross promotion)

Una de las estrategias de marketing más fáciles de implementar es la promoción cruzada (Cross promotion). Imagina que estás intentando crecer tu canal de YouTube, pero no estás teniendo mucho éxito de momento y decides publicar un enlace a tu video en Facebook. Publicar ese vínculo es el primer paso de tu cross promotion. De cualquier forma, hay mucho más que hacer y algunas prácticas que tienes que seguir para mejorar el rendimiento de esta estrategia.

La promoción cruzada depende de dos elementos, el contenido "héroe" y el contenido de soporte. El contenido héroe es esa pieza de contenido en la que has invertido más tiempo y es el contenido donde quieres que tu estrategia de marketing centre sus resultados. El contenido de soporte son las publicaciones que van a promocionar tu "gran contenido" en otras plataformas.

Regresando al ejemplo de YouTube, tu contenido héroe sería tu video y tu contenido de soporte serían las historias de Instagram, publicaciones en Facebook, etc., que van a soportar la promoción de tu video.

Crea publicaciones específicas a cada plataforma social para promocionar tu contenido héroe.

La promoción cruzada no se trata de publicar el mismo mensaje en todas las plataformas esperando que eso lleve tráfico a tu contenido héroe. Se trata de adaptar el mensaje para que contribuya a la conversación de esa red.

(Fuente: DonutMedia Instagram)

Ambas hacen referencia a su contenido héroe en YouTube. Sin embargo, lo hacen con contenido nativo a

Instagram y siguiendo las mejores prácticas de la plataforma. En la primera podemos observar una publicación tradicional, sin llamadas a la acción u otros textos que puedan distraer del contenido de la imagen. No es sino hasta la descripción, donde se habla del contenido héroe, y se invita a su audiencia a ver el video. Esto es muy diferente a publicar el thumbnail del video héroe en Instagram y esperar que lleve tráfico a su sitio web. Desafortunadamente, es una práctica que he visto con muchos youtubers.

¿Por qué deberías de crear contenido específico en Instagram? ... o cualquier otra red.

Los índices de interacción en Instagram bajan drásticamente cuando la imagen tiene texto sobrepuesto, por lo que una publicación específica a esta plataforma va a tener mejor interacción y llevará a más personas a tu contenido héroe.

De igual forma, las historias de Instagram son una herramienta clave en tu estrategia de marketing en las redes sociales.

(Fuente: DonutMedia Instagram)

En este ejemplo de Donut Media, está utilizando las historias para promocionar un video de su canal de YouTube. De cualquier forma, lo están logrando al crear un video nativo a la plataforma, con las proporciones correctas, límites de tiempo y otras consideraciones.

6. Optimiza tu contenido en cada plataforma

Si quieres que tu contenido tenga un mayor alcance, vas a tener que optimizarlo utilizando las mejores prácticas de la plataforma social donde desees publicarlo. Por ejemplo, me refiero a que si publicas un video en YouTube te asegures de agregar las etiquetas más relevantes a su contenido, utiliza no más de 70 caracteres en su título para llamar la atención de tus seguidores (este es el límite máximo visible en búsquedas móviles), etc.

Si quieres aprender a optimizar tu contenido en redes sociales te recomiendo buscar videotutoriales para optimizar tu contenido en cada red social.

Cada red social tiene reglas de optimización y "mejores prácticas". He puesto las prácticas entre comillas porque de no seguirlas tu alcance orgánico se verá afectado; entonces, no son tanto recomendaciones sino requisitos. Otro ejemplo de esto es la regla del 20% de Facebook, con la cual las imágenes cubiertas en texto en un 20% de su área total o más se verán negativamente afectadas por el algoritmo de Facebook, su distribución orgánica será reducida y no podrán ser promocionadas.

(Fuente: Facebook)

En el siguiente caso Facebook determinó que el texto correspondía a menos del 20% de la imagen, por lo cual será posible promocionarla, de cualquier forma, su rendimiento será menor porque el texto ocupa un porcentaje más grande del que Facebook consideraría óptimo para su plataforma. Nuestra recomendación: mantén el texto al mínimo.

(Fuente: Facebook)

Crea una comunidad de súper fans y embajadores de marca

Finalmente, el paso más importante de tu estrategia de marketing en las redes sociales va a ser crear una comunidad de súper fans o embajadores de marca. Estas son personas que siguen tu contenido, interactúan con él de forma regular y están interesadas en representar tu marca, canal o comunidad de fans en las redes sociales.

Construir una comunidad de embajadores te permitirá fortalecer tu estrategia de marketing para la distribución orgánica de tu contenido. Cada vez que publicas un nuevo video, foto o cualquier otro tipo de contenido, estás asegurando que será compartido de manera orgánica con círculos sociales fuera de tu área de influencias, círculos que intentarás adquirir.

Recuerda que esta es una relación recíproca y que vas a tener que ofrecer un valor más grande a esta comunidad que al resto de tus seguidores. Una forma de mostrar tu aprecio podría ser enviándoles regalos pequeños, mencionarlos en tus publicaciones o incluso un mensaje directo y personal puede tener mucho valor.

Categorías › Datos y Estadísticas sobre Social Media

¡Bienvenid@ a nuestra sección de Datos y Estadísticas de Redes Sociales! Los artículos que encontrarás aquí abordan un aspecto *muy importante* para quienes trabajamos en Social Media, ya que gracias a esa información podemos encauzar las inversiones de comunicación para sacarles el máximo provecho.

¿Para Qué Sirven los Datos y Estadísticas de Redes Sociales?

Existen muy buenas razones por las cuales los *Marketers, Community Managers, Social Media Managers* y todas las personas que trabajan con Redes Sociales deben tener en cuenta las Estadísticas al momento de realizar sus tareas online. Aquí te nombramos las 5 más importantes:

1- Te Sirven para Conocer a tu Público en las Redes Sociales

Como sabes, es fundamental conocer a quiénes te estás dirigiendo para poder diseñar mensajes lo más acertados posibles. Por ejemplo, si tu audiencia objetivo está compuesta por p*ersonas mayores a 50 años*, entonces es recomendable evitar los modismos propios de adolescentes o personas mucho más jóvenes.

Gracias a herramientas como Google Analytics o Facebook Insights, puedes conocer la procedencia de las personas que visitan tus cuentas sociales o tu sitio, de qué páginas provienen, qué secciones navegan, durante cuánto tiempo y otros datos valiosos para optimizar tu sitio, tus propuestas y tus publicaciones.

2- Te ayudan a medir el impacto de tus acciones sobre tu audiencia

Las *Estadísticas de Redes Sociales* son esenciales para mejorar gradualmente la calidad de tus publicaciones en Social Media. Con su ayuda puedes analizar cuáles son los contenidos que más gustan a tus seguidores, o en cuáles horarios obtienes una mayor cantidad de respuestas por parte del público.

Normalmente todas las plataformas sociales te ofrecen datos estadísticos sobre tus cuentas, incluso Instagram, que implementó recientemente esa y otras actualizaciones. Por ello, existen una serie de Estadísticas de Redes Sociales que todo Community Manager debería saber leer sí o sí.

3- Te Permiten Decidir Hacia Dónde Dirigir tus Esfuerzos de Comunicación

A partir de las Estadísticas de Redes Sociales puedes encauzar tu inversión (tiempo, dinero, trabajo) en *Social*

Media de la mejor manera. Sucede que esa información es esencial para determinar la rentabilidad de ciertas acciones. Por ejemplo, si descubre que tu público es mayormente joven podrás adaptar tus contenidos para ellos.

Si no conoces los *datos demográficos de tu audiencia,* tus publicaciones no podrán ser tan efectivas. En este sentido, la segmentación es un paso esencial para lograr los mejores resultados, y sólo puede lograrse mediante la obtención de información de tu público (es decir, a través de las estadísticas).

4- Te Habilitan Para Saber Cuán Cerca Estás de Lograr tus Objetivos

Para saber si tus actividades online te ayudan efectivamente a concretar tus objetivos de marketing, existen *dos pasos fundamentales.* Uno de ellos es registrar tu estrategia de Social Media por escrito (es decir, documentar tus acciones en Social Media), para planificar y ejecutar ordenadamente tus comunicaciones.

La otra instancia para comprobar si tus estrategias de marketing de contenidos están funcionando, es consultar tus estadísticas de redes sociales. Ellas te ayudan a conocer cuestiones básicas como cuántas personas han visto cada una de tus publicaciones, para así orientar el tipo de contenidos que compartes de acuerdo a "lo más visto".

5- Funcionan como una Guía para Conocer el Terreno donde Trabajarás

Además de las *estadísticas de Redes Sociales* relacionadas a tus cuentas en particular, es muy importante conocer la situación de los *Social Media* antes de tomar decisiones sobre tus estrategias online. Aspectos como el tipo de audiencia y los contenidos en los que se centran las Redes son esenciales para *decidir en cuáles invertir.*

Por ejemplo, si tienes una tienda de ropa femenina o una casa de decoración de interiores de seguro te interesará invertir en Pinterest, en función de lo que arrojan sus estadísticas: el 85% de sus usuarios son mujeres. Por su parte, Facebook es un *must*, ya que es la plataforma más difundida (con más de mil millones de usuarios).

Datos y estadísticas que el Community Manager sí o sí debe monitorear y presentar en sus Reportes de Resultados

Para conocer cuán efectivo es tu desempeño en *Social Media*, existen las *estadísticas de Redes Sociales.* Analizar dichos datos es la mejor forma de saber si estás alcanzando tus objetivos en materia de *marketing digital*, o si es momento de hacer un giro en tu estrategia. Por eso, hoy compartiré contigo información acerca de *cuáles estadísticas de Redes Sociales debe saber leer un Community Manager. Here we go!*

Estadísticas de Redes Sociales: ¿cuáles son las más importantes?

Como dijimos más arriba, las *estadísticas de Redes Sociales* son realmente útiles: ellas te permiten conocer si estás alcanzando efectivamente a tu audiencia y te ayudan a escoger los mejores contenidos para compartir. Ahora bien, cada una de tus cuentas sociales incluye sus propias métricas, y es necesario que sepas cuáles son las más importantes para medir el éxito de tus campañas. Por eso, a continuación compartiré contigo las métricas determinantes de cada Red Social.

Facebook Insights

Las estadísticas en Facebook se conocen como Facebook Insights, y puedes encontrarlas en la barra que se encuentra en la parte superior de tu Fan Page.

Entre los datos que te ofrecen las *estadísticas de Facebook* se incluyen las métricas correspondientes a cada uno de tus posts, tus seguidores y el alcance que obtuvo cada una de tus publicaciones. Asimismo puedes establecer un listado de páginas acerca de las cuales deseas recibir analíticas. Los parámetros principales que debes atender en relación a las Facebook Insights son:

- Alcance: indica cuántas personas han visto tu publicación.

- Comentarios: señala cuántos comentarios ha recibido tu post.

- Me Gusta: muestra el número de personas a las que les ha gustado tu publicación.

- Clicks en publicaciones: indica cuántas veces los usuarios han cliqueado en tus posts, descartando Likes y compartidas.

- Veces que se compartió: muestra el número de veces que tu post fue compartido.

Estadísticas en Twitter

Puedes ver tus *estadísticas en Twitter* a través de Twitter Analytics. Allí tienes la posibilidad de obtener información sobre el desempeño de tu cuenta durante los últimos 28 días. Entre los datos más interesantes que ofrece este servicio se incluye el *número de impresiones* de cada uno de tus tweets, que revela el alcance efectivo que tuvo cada uno de tus posts en términos de usuarios. Asimismo, Twitter te ofrece la oportunidad de visualizar las estadísticas individuales de cada publicación. Para esto simplemente tienes que presionar el ícono de analítica disponible en cada *post*, como se muestra en la imagen de abajo.

Para más información, puedes consultar nuestro artículo sobre *cómo usar Twitter*. En cuanto a las métricas más importantes que te brinda esta Red Social, son las siguientes:

- Retweets: indica cuántas veces las personas han compartido tu publicación.

- Favoritos: señala el número de veces en que las personas han marcado tu tweet como favorito.

- Respuestas: muestra cuántas contestaciones han obtenido tus posts.

Estadísticas en LinkedIn

En materia de *estadísticas de Redes Sociales*, las métricas de LinkedIn se encuentran entre las más relevantes, puesto que es una Red Social dedicada de lleno al mundo laboral y empresarial. Así, para conocer los datos del desempeño de tus cuentas individuales, sólo tienes que consultar la opción *"Quién ha visto tu perfil"* en la pestaña "Perfil" dentro del sitio.

Las *principales métricas* que te ofrece LinkedIn en tu perfil individual son:

- Visualizaciones del Perfil: muestra la cantidad de veces en las que las personas han visitado tu perfil durante los últimos 90 días.

- Acciones Realizadas: indica el número de veces en los que has generado interacciones (comentarios, recomendaciones o Likes y veces que has añadido nuevos contactos).

- Datos sobre quiénes visitaron tu perfil: señala cuántas personas con puestos laborales detallados han visitado tu perfil.

Asimismo, en LinkedIn puedes ver las *estadísticas* de tus Páginas Empresariales. Para conocerlas, sólo tienes que ingresar a tu Página y hacer clic en la pestaña "Análisis".

Tras ingresar, encontrarás cada uno de los posts que has compartido y sus correspondientes estadísticas.

Las métricas que te ofrece LinkedIn para cada post de tu *página empresarial*, son:

- Impresiones: muestra la cantidad de veces que tu post ha sido visualizado.

- Clics: indica el número de veces que los usuarios han hecho clic en el contenido, nombre o logotipo de tu empresa.

- Interacciones: exhibe cuántos comentarios, recomendaciones y veces en las que tu post ha sido compartido.

- Participación: muestra el número de interacciones sumado al número de clics, dividido por el número de impresiones que recibió el post.

Estadísticas en Google+

Otras de las *estadísticas de redes sociales* que no pueden faltar en este listado son las que ofrece Google+. Para acceder a las analíticas de tu página en Google+ tienes que dirigirte al menú situado en la izquierda de tu página y hacer clic en la opción "Mi Negocio". Luego verás aparecer un anuncio de bienvenida y finalmente accederás al panel de estadísticas que se muestra a continuación.

Como habrás notado, en un mismo panel puedes obtener métricas de tu Página en Google+, de tu *canal de YouTube* (si cuentas con uno) y de *Google Analytics*, en caso de que poseas una cuenta en dicho servicio. Para conocer más detalladamente las estadísticas de tu página de Google+, tienes que presionar el botón "Ver Estadísticas" que se encuentra a la derecha del primer recuadro exhibido en la imagen anterior, titulado "Estadísticas". A continuación podrás visualizar las métricas de tu *Google+ Page* con mucho más detalle.

Las métricas que te ofrece Google+ con respecto a tu página son las siguientes:

- Visibilidad: muestra el número total de visitas a tu página. Al hacer clic en la flecha desplegable al costado del título "4,766 visitas en total", podrás ver el detalle de las vistas a tu perfil, a tus fotos y a tus publicaciones.

- Compromiso o Engagement: exhibe los indicadores *"Acción de las publicaciones"* (clics, +1 recibidos, comentarios y veces en los que tu post se ha compartido), *"Publicaciones recientes"* (exhibe tus últimas 5 actualizaciones) y *"Promedio de acciones por tipo de publicación"* (muestra las interacciones, +1 y comentarios de tus enlaces, fotos, textos y vídeos). Para ver todos estos datos debes presionar el botón "Compromiso" situado al lado del botón "Visibilidad" que se muestra en la imagen de arriba.

- Público: este parámetro muestra tus nuevos seguidores y te brinda datos relativos a tu audiencia, que puedes filtrar por *país*, *edad* y *sexo*. Esta característica se activa exclusivamente cuando tu página de Google+ supera los 200 seguidores.

Estadísticas en Pinterest

En el caso de Pinterest, sólo las personas que cuentan con *cuentas empresariales* pueden acceder a las estadísticas.

Para conocerlas, tienes que ingresar al menú de configuración dentro de tu perfil, y luego debes seleccionar la opción "Analytics".

Enseguida verás aparecer el panel de Estadísticas Generales, en el que obtendrás un paneo de la situación de tu cuenta bajo la forma de gráficos, como puedes ver en la imagen de abajo. Además podrás establecer qué periodo en la evolución de tu cuenta deseas analizar, para conocer los picos de éxito o inactividad en relación a tus publicaciones.

Los paneles más importantes para *analizar tu cuenta de Pinterest* son los siguientes:

- Tu perfil de Pinterest: aquí hallarás la cantidad de veces que tu perfil ha sido visitado y cuántos clics han recibido tus enlaces hacia tu sitio, entre otros datos.

- Tus Pines más vistos: te muestra la cantidad de interacciones que recibieron tus pines, como se muestra en la imagen de abajo. Allí puedes ver el número de impresiones, repines, clics y Me Gusta que ha recibido cada uno de tus posts.

- Tu Público: este es otro panel importante de Pinterest Analytics, ya que te muestra datos acerca de tu audiencia que te permiten conocerla mejor, para orientar tu estrategia y escoger tus contenidos con una mayor efectividad. Algunos de los datos que encontrarás son la edad, el sexo, los intereses y la procedencia de tu público.

Como habrás podido notar, las *estadísticas de redes sociales* tienen cada vez más relevancia en términos de marketing digital, razón por la cual te aconsejo revisar las métricas de tus cuentas con frecuencia. Eso te permitirá medir tus esfuerzos en Social Media y saber cuán cerca estás de cumplir tus objetivos.

ESTADÍSTICAS DE REDES SOCIALES 2019: USUARIOS DE FACEBOOK, TWITTER, INSTAGRAM, YOUTUBE, LINKEDIN, WHATSAPP Y OTROS

1. Usuarios activos de Facebook

En enero de 2019 Facebook contó con cerca de 2.271 millones de usuarios activos en un mes.

Cuando se usa Facebook de forma adecuada en la estrategia de Social Media Marketing, se logra generar un importante tráfico de audiencia de valor para la marca hacia el sitio web, que es donde vendemos.

Crecimientos como este, nos obliga a los responsables de las redes sociales en las empresas a incluirla en las estrategias de Social Media Marketing de todas las empresas independiente de su tamaño, categoría y audiencia.

De acuerdo con el estudio de WeAreSocial y Hootsuite, el 43% del alcance potencial de los anuncios de

Facebook son mujeres y el 57% son hombres. El 35% de la audiencia es menor de 25 años y más de un 90% acceden a través de dispositivos móviles. Lo anterior hace importante que todos los enlaces desde esta red social al sitio web o tienda electrónica deben tener buena experiencia de navegación en este tipo de dispositivos.

Cuando se ve Facebook como un canal de negocios es fundamental conocer el potencial de alcance de anuncios en por rango de edad. En porcentajes la distribución sería así:

Al revisar el ranking de los 20 países con mayor audiencia de Facebook identificamos varios países de América Latina: Brasil, México, Argentina y Colombia. En usuarios la distribución sería así:

2. Usuarios activos de Instagram

Instagram tiene más de 1.000 millones de usuarios activos en un mes.

Esta es la red social con mayor crecimiento, ha logrado duplicar el número de usuarios en solo dos años.

A diferencia de Facebook, Instagram no permite generar tráfico hacia el sitio web con publicaciones en su timeline, sin embargo se debe incluir en la estrategia de Marketing en Redes Sociales debido a su importante crecimiento y a que permite acercar tu marca a su audiencia.

Se identifica el rango de edad y género de la audiencia potencial de la publicidad de Instagram. Se muestra como se distribuyen los 1.000 millones de usuarios en los diferentes rangos de edad, es importante anotar que el rango entre 18 y 24 años es muy importante en esta red social.

Sorprende encontrar que hay 4 países de América Latina (Brasil, México, Argentina y Colombia) en el listado de los 19 países con mayor cantidad de usuarios del mundo. En número de usuarios la distribución es como sigue:

3. Usuarios activos de Twitter

Twitter cuenta con más 326 millones de usuarios activos en un mes.

Esta red social es una de las que tiene un crecimiento más lento, sin embargo se vuelve indispensable para la estrategia de social media marketing debido a varios aspectos:

- Su fortaleza en la información en tiempo real.

- Se puede convertir en el medio de comunicación oficial de las marcas.

- Es una red social que es mayoritariamente pública lo que permite que a las marcas realizar escucha social a través de ella.

Los usuarios de Twitter por rango de edad difiere de manera importante con Facebook e Instagram destacándose el importante acceso de personas en el rango de 35 a 49 años.

4. Usuarios activos de LinkedIn

LinkedIn cuenta con 303 millones de usuarios activos en un mes y más de 500 millones de usuarios registrados.

Esta red social orientada a grupos profesionales, también ha tenido un importante crecimiento en el último tiempo y ha evolucionado en los últimos años pasando de ser un canal de social media de reclutamiento a una donde se comparte información de valor agregado de las diferentes profesiones.

LinkedIn es otro canal de social media necesario para todas las empresas que quieran utilizar las redes sociales como un canal de comunicación y marketing.

El rango de edad más importante para esta red social es de 25 a 34 años y una presencia fuerte en el rango 35 a 54 años.

Es importante destacar que hay 4 países de América Latina (Brasil, México Argentina y Colombia) entre los 20 países con más usuarios de LinkedIn del mundo.

5. Usuarios activos de Snapchat

Snapchat tiene más de 287 millones de usuarios activos en un mes.

Este red social orientada principalmente a personas jóvenes ha disminuido su crecimiento desde que Instagram lanzó su servicio Instagram Stories.

Snapchat es una red social muy importante para las empresas cuando su audiencia principal son adolescentes.

En cuanto a los 20 países de más usuarios de Snapchat solo aparecen México y Brasil.

6. Usuarios activos de Pinterest

Pinterest tiene más de 250 millones de usuarios activos en un mes.

Esta es otra red social que no ha tenido importantes crecimientos en los últimos años, sin embargo, la considero muy útil en la estrategia de social media marketing.

7. Usuarios activos de YouTube

YouTube tiene más de 1.900 millones de usuarios activos en un mes.

Aunque YouTube tiene excelentes funcionalidades sociales, las marcas lo usan como un repositorio de video ya que los videos que se viralizan no lo hacen con las opciones sociales de la red social, sino a través de las otras redes sociales.

8. Usuarios activos de Whatsapp

Whatsapp tiene más de 1.500 millones de usuarios activos en un mes.

Aunque esta no se considera una red social, es un canal de comunicación muy importante para las empresas.

Por ser Whatsapp un medio de comunicación muy personal, solo debe utilizarse para la operación del negocio y no para ejecutar estrategias de comerciales y de marketing.

Informe detallado usuarios redes sociales (WeAreSocial y Hootsuite)

Facebook alcanza los 2,000 millones de usuarios

Facebook alcanzó la cifra simbólica de los 2,000 millones de usuarios mensuales activos, anunció la red social.

"Ahora hay dos mil millones de personas conectándose y construyendo comunidades en Facebook cada mes", anunció la vicepresidenta del grupo, Naomi Gleit, en un post en internet.

"Esto es posible por los millones de comunidades e individuos que comparten y crean contribuciones importantes en Facebook", agregó la red social.

De acuerdo con el grupo, hay más de 1,000 millones de personas que utilizan los "grupos", y más de 800 millones que dan "Me gusta" a algo en Facebook cada día.

"Nosotros avanzamos para conectar al mundo entero, y ahora, hemos hecho el mundo más cercano", afirmó el cofundador y jefe del grupo, Mark Zuckerberg, en su propia página de Facebook.

"Es un honor hacer este viaje con ustedes", añadió.

Creado en 2004, Facebook se ha convertido en un gigante de internet.

En el primer trimestre del 2017 registró un beneficio neto de 3,060 millones de dólares, un aumento de 76.3% en un año, con una facturación de 8,003 millones de dólares, un alza de 49.2 por ciento.

Al 31 de marzo, la compañía contaba con alrededor de 1,940 millones de cibernautas que usaban su servicio por mes, equivalentes a 17% de aumento desde el año anterior.

Facebook está buscando ampliar su enorme base de usuarios, especialmente en los países en desarrollo donde la red social tiene actualmente menores tasas de penetración.

Estadísticas de Instagram que debes conocer

Ya debes saber que Instagram no es solo la red social en la que se comparten fotos con filtros. Sus casi mil millones de usuarios activos mensuales -según últimas estadísticas- no solo andan en búsqueda de imágenes bonitas. Construyen aquí estrategias de marketing y marcas (muchas marcas) que desarrollan interesantes estéticas visuales y de negocio. Los usuarios de Instagram crecen 5% por trimestre

Instagram ofrece hasta 58 veces más interacción por seguidor que Facebook y 150 veces más que Twitter, según una encuesta realizada por Forrestser Research, empresa estadounidense de investigación de mercado.

Mientras que en América Latina, México es el país con más usuarios registrados de la región: 16 millones, seguido por Argentina con 11 millones.

En este libro compartimos estadísticas que te serán de utilidad al momento de pensar tu estrategia de marketing en Instagram:

70% de los hashtags en Instagram han sido creados por marcas.

Insistimos en el uso de hashtags en Instagram porque permiten a las marcas ganar exposición en audiencias muy segmentadas o con áreas de interés específicos. Al generar sus propios hashtags, las marcas organizan las conversaciones que se dan en torno a ellas.

Los hashtags que contienen entre 21 y 24 caracteres se desempeñan mejor que los más cortos pues resultan más específicos y atractivos para conectarse con tu audiencia.

¿Y cuántos hashtags son mucho o muy poco? Aunque Instagram te permite emplear hasta 30 hashtags, no recomendamos esta cifra. Un buen número es alrededor de 11 y si tienes dudas sobre qué estrategia seguir, aquí algunos consejos:

- Combina hashtags de 4 categorías: los muy populares (de 100.000 a 500.000 publicaciones asociadas), los medianamente populares (entre 10.000 y 100.000 publicaciones asociadas) y los específicos (10.000 publicaciones asociadas).

- Que tus hashtags estén enfocados en un negocio y temas que tu público objetivo.

- Usa hashtags exclusivos de tu marca o asociados a algún lanzamiento o campaña.

#SemanaVoluntariadoBBVA es una campaña realizada por BBVA para que sus colaboradores se integren con la marca y experimenten la misión solidaria que tiene la entidad financiera. Hasta el momento el hashtag está asociado a 44 publicaciones.

Si necesitas asesoría para monitorear palabras claves o los hashtags y ubicaciones de Instagram, en Sprout Social contamos con las herramientas para ello.

15 millones de empresas latinoamericanas tienen un perfil en Instagram.

Y contamos con casi 2 millones de anunciantes activos en esta región. De estos, la estrategia más empleada suele ser el uso de historias y videos en directo para conectar con su audiencia.

Un ejemplo interesante es lo que hizo la marca Sprite México (@spritemx): se basó en los stories para inspirar a la población joven transmitiendo el mensaje que con Sprite pueden superar cualquier dificultad. Para esta campaña emplearon el hashtag #NacidosParaRefrescar.

Según datos de la marca, gracias a esta campaña se aumentó 18 puntos en el recuerdo del anuncio, 4 en la consideración de la marca como primera opción y 2 en valoración.

"Gracias a Instagram Stories podemos llegar a nuestro joven público usando contenido adaptado a sus intereses que capta la atención en cuestión de segundos y que transmite el mensaje de nuestra campaña". Karen Arreola, directora del centro de administración inteligente de Sprite México

80% de usuarios de Instagram siguen, por lo menos, a una empresa

Según datos de la cumbre de Facebook en Brasil (2017), el 80% de las personas con una cuenta en Instagram siguen a una empresa, mientras que el 59% ha usado esta red para descubrir una marca o comprar un producto. Vishal Shah, jefe de productos para empresas de Instagram, ha destacado que las marcas deberían aprovechar esta oportunidad para hacer crecer sus negocios.

Johnson & Johnson utilizó el potencial visual de las stories de Instagram dando a conocer secretos de mujeres influyentes en Latinoamérica como parte de la campaña de posicionamiento de Carefree (@carefreearg).

Usando el hashtag #vossabés la campaña, según cifras de la empresa, consiguió un aumento de 17 puntos en el recuerdo del anuncio y de 6 puntos en la consideración de la marca.

Uno de cada cuatro anuncios en Instagram son videos

El video vertical es la gran tendencia en Instagram. Podemos verlo en las transmisiones en vivo, stories y en Instagram TV. Esta tendencia se mantendrá a lo largo del próximo año y este formato ya está disponible en YouTube y Vimeo.

Según Kevin Systrom, cofundador de Instagram, las vistas de video en la plataforma aumentaron en 150% durante los últimos 6 meses. Asimismo, aumentó también la longitud promedio de los anuncios de video de marca en más del 60%.

Se calcula que más de 2 millones de anunciantes utilizan tipos diferentes de anuncios de video de Instagram. Entre las ventajas de este tipo de videos verticales es que muestran la imagen mucho más centrada y evita cortar cabezas o rostros.

Ten en cuenta que estos anuncios pueden durar entre 3 y 60 segundos, incluir un llamado a la acción y hasta 2.200 caracteres. También puedes optar por anuncios de carrusel que te permite incluir hasta 5 videos en un solo anuncio.

Para el lanzamiento de un nuevo producto, L´Oreal de Argentina preparó una campaña con anuncios de video en Instagram Stories dirigido a mujeres entre 18 y 54 años. L´Oreal usó anuncios en carrusel mostrando en secuencias cómo conseguir un pelo saludable. Según datos de la marca consiguió aumentar 14.7 puntos el recuerdo del anuncio, 3.3 puntos la intención de compra, y 4.8 puntos el recuerdo del mensaje.

Coca-Cola México también desarrolló una campaña en Instagram con anuncios de video en carrusel. El objetivo era que los usuarios compartieran situaciones cotidianas divididos en 3 secuencias: una comida, una comida acompañada de esta marca y compartir esta bebida con amigos.

La campaña incluyó emojis y llamados a la acción. Estos videos alcanzaron a 14 millones de usuarios en Instagram y logró un millón de vistas de video.

Las marcas en Instagram tienen 58 veces más participación que en otras redes sociales

Instagram se consagra como una de las plataformas más potentes para los negocios. Las marcas con mejores estrategias reportan una tasa de participación por seguidor del 4,21%, 58 veces más que en Facebook y 120 veces más que en Twitter.

Un perfil de Instagram Business permite agregar información de contacto adicional que no está disponible para los perfiles personales. Esta información incluye un número de teléfono comercial y una dirección.

Las publicaciones etiquetadas con otro usuario o ubicación tienen tasas de participación significativamente más altas. De ahí que sea importante que las marcas agreguen "con quién" y "dónde" en sus publicaciones de Instagram.

"El 90% de los usuarios de Instagram son menores de 35 años". Fuente: ScienceDaily.

Un tercio de las historias más vistas en Instagram pertenecen a marcas

Según datos de Instagram, las marcas están haciendo un buen uso de las stories. Tan solo en un mes, más del 50% de las empresas en esta red publicaron stories.

"Las marcas están subiendo a Instagram Stories con más del doble de frecuencia que en Snapchat". Fuente: AdWeek.

¿Y por qué nos interesan estos datos? Porque a partir de estos números vemos resultados en los usuarios. Al menos el 75% de estos toman alguna medida tras ver anuncios en Instagram, como visitar un sitio web o hacer una compra. Una encuesta realizada por Globalwebindex descubrió que más de un tercio de los usuarios de Instagram han comprado un producto desde su dispositivo móvil.

Pero no basta solo con publicar contenido comercial, también hay que analizar cómo se comportan estos anuncios y así conocer qué publicaciones gustan y cuáles responden a las expectativas de nuestros seguidores y nos permite conocerlos mejor.

En Sprout Social ofrecen servicios que ayudan a entender el rendimiento de tus campañas en Instagram (y otras redes sociales).

Veamos el caso de Burger King España y su veto a la cebolla en el Día Internacional del Beso. La marca usó Instagram Stories para promocionar su campaña Onion Blackout e informar a su audiencia que durante el Día del Beso no se vendería cebolla.

Nos presentaba a una pareja que se evitaba cuando vendían cebolla en esta cadena de comida y se besaba cuando la marca dejaba de vender este producto. Se usó Instagram Stories permitiendo a la audiencia dar clic para adelantar el video y saber qué pasaba cuando se vendía o no cebolla.

La empresa consiguió 60% más de acciones de sus usuarios, tres veces más de atención y dos veces más de reproducciones completas de este tipo de vídeo (formato secuencia) que con los anuncios de un solo vídeo.

92% de los usuarios de Instagram considera más confiable el contenido generado por el usuario, antes que el comercial

Según estudios, el 86% de negocios han empleado CGU, pero solo el 27% lo ha hecho siguiendo una estrategia.

Un primer paso puede ser crear un hashtag de marca exclusivo para nuestro negocio o campaña.

Muchas marcas están aprovechando CGU. Es el caso de Birchbox, un servicio de suscripción en línea de maquillaje y belleza que intenta llegar a su audiencia a través de concursos de los que nos enteramos al seguir el Instagram de la marca, compartiendo su hashtag y etiquetando a amigos en Instagram. Está comprobado que esta estrategia hace crecer rápidamente el número de seguidores y es una forma de conseguir crecimiento orgánico.

Al emplear CGU, las marcas brindan a los usuarios la oportunidad de contar historias reales. No en vano, según la compañía de investigación Ipsos, los millennials afirman que confían un 50% más en el CGU que en otro tipo de contenido.

Burger King España invita a sus seguidores a compartir contenido relacionado con su marca empleando el siguiente mensaje: "Etiquétanos en tus fotos más guapas con nuestros productos, ¡y podrás ganar un menú Whopper gratis si tu foto es seleccionada como imagen de la semana!"

La marca argentina de agendas y cuadernos Monoblock trabaja con CGU a través de la experiencia de dibujar. En la imagen aparece la ilustradora Pepita Sandwich y la leyenda que la acompañada retrata la experiencia de la artista cuando dibuja. La marca invita a sus usuarios a que cuenten cómo se sienten.

Se calcula que para el 2019 se alcanzarán 32 millones de publicaciones patrocinadas en Instagram

Si hay una plataforma preferida por los influenciadores para compartir contenido patrocinado es Instagram. Tan solo en el 2016 hubo casi 9 millones de publicaciones de este tipo y las predicciones anuncian cuatriplicar esta cifra para este año.

Si buscas en Google el término "Influencers latinos", encontrarás medio millón de resultados y estos números se reflejan en los millones de dólares que mueven. Tan solo en el 2017, el Influencer Marketing ha movido cerca de 4 mil millones de dólares. Aquí algunas de las más populares:

Lele Pons es una estrella de YouTube venezolano-estadounidense y una de las principales influyentes latinas. La revista Time la nombró como una de las personas más influyentes en Internet y sus videos tienen más de 1.3 billones de visitas.

La actriz peruana Alessandra Denegri es un icono de la moda. Su cuenta de Instagram tiene 175 mil seguidores. Muchas marcas de la industria de belleza y la moda la eligen como vocera.

Dulce Candy es una youtuber mexicana-estadounidense y una de las principales influenciadoras latinas. Tiene más de dos millones de suscriptores de YouTube y 1.1 millones de seguidores de Instagram. Ella trabaja con marcas como Pixi y Dr. Jart.

Usuarios activos mensuales de Instagram

En junio de 2018, Instagram alcanzó los 1.000 millones de usuarios activos mensuales (Statista, 2018). ¡Esto es un gran logro para Instagram! Más de 500 millones de usuarios activos utilizan la plataforma diariamente. A partir de ahí, la aplicación de Instagram es una de las redes sociales más populares del mundo. Hace poco más de 5 años, en junio de 2013, Instagram tenía sólo 130 millones de usuarios activos mensuales. Desde entonces, ha crecido 10 veces.

Instagram es una red social que permite a los usuarios compartir y editar fotos y vídeos. Fuera de las redes sociales, sólo Facebook y YouTube tienen más usuarios activos diariamente que Instagram. En algún punto era utilizado principalmente por adolescentes y jóvenes millennials, pero actualmente Instagram continúa creciendo como una de las plataformas de redes sociales más populares, y los datos nos dicen que no va a cambiar en el corto plazo.

Por lo tanto, si todavía estabas preguntándote si tu marca debería gastar tiempo y dinero para invertir en Instagram, la enorme cantidad de usuarios activos mensuales debería ser una indicación afirmativa. Nuestro equipo escribió hace un tiempo una guía para principiantes sobre cómo vender en Instagram para ayudarte a comprender los muchos matices de la plataforma.

El poder de Instagram

Con mil millones de usuarios activos mensuales, no nos sorprende que Instagram sea la segunda red social con más interacciones (Emarketer, 2018). El primer lugar está asegurado por Facebook. Esta estadística muestra que más del 60,6% de los usuarios de internet en los Estados Unidos acceden a Facebook al menos una vez al mes. Y si hablamos de Instagram, el 37,4% de los usuarios de Internet accederán a esta plataforma de redes sociales al menos una vez al mes, este año. ¡Ese porcentaje es asombroso!

Las personas se han estado preguntando cómo pueden aumentar sus seguidores en Instagram y mejorar su nivel de interacción con esta audiencia. Si has estado descuidando la cuenta de Instagram de tu empresa, probablemente sea el momento adecuado para construir comunidad y mejorar tu interacción en esta red social.

Los adultos jóvenes aman Instagram

El 71% de los mil millones de usuarios activos mensuales en la aplicación de Instagram tienen menos de 35 años

(Statista, 2019). Esta estadística proporciona información sobre la distribución de los usuarios de Instagram en todo el mundo a partir de enero de 2019. El rango de edad más popular es el de los usuarios entre las edades de 25 a 34 años, seguido por los usuarios entre las edades de 18 a 24 años. ¿Tu público objetivo incluye este grupo demográfico?

Comprender los datos demográficos de las redes sociales te ayudará a determinar qué plataformas tienen más sentido para tu marca. De esta manera, te asegurarás que no vas a perder tiempo en la creación de contenido para una plataforma donde tu audiencia no tiene presencia. Si tu mercado objetivo está formado por adultos jóvenes, sabes que Instagram es el lugar adecuado para ti. Una vez que sepas esto, puedes comenzar a producir el tipo correcto de contenido de Instagram que se adapte a las necesidades de tus usuarios y utilizar las frases correctas para esta red social.

Tiempo promedio pasado en Instagram

La gente pasa casi tanto tiempo en Instagram como en Facebook. La cantidad de tiempo que los usuarios de Android dedican a Instagram se acerca a la de Facebook. En junio de 2018, los usuarios de Facebook pasaron un promedio de 58 minutos por día en la plataforma, en comparación con los 57 minutos por día de los usuarios de Instagram (Estudio Anual de Redes Sociales 2018).

El tiempo dedicado a Instagram es importante porque cuanto más tiempo pasan las personas en la aplicación, más anuncios ven y más oportunidades tienen de conocer tu marca. Instagram también reveló que la introducción de las historias de Instagram incrementó la cantidad de tiempo que la gente pasaba en la aplicación todos los días. Pero no sólo importa el tiempo dedicado a Instagram, sino también la hora del día en la que los usuarios están más activos en la plataforma. De esta manera, conocerás los mejores horarios para publicar en Instagram para tu marca.

Las empresas están utilizando Instagram

Con la creciente popularidad de Instagram, aproximadamente el 71% de las empresas de EE.UU. afirman que usan Instagram para sus negocios (Mention, 2018). El mismo estudio también revela que 7 de cada 10 hashtags en Instagram tienen marca. Y más del 80% de las empresas consideran las interacciones en Instagram como la métrica más importante. La interacción en Instagram puede ser uno de los KPIs más importantes para muchos profesionales de marketing, pero medirlo no es una tarea sencilla. Con la plataforma de Instagram evolucionando rápidamente, es difícil mantenerse al día con las actualizaciones y con qué medir.

Las empresas tienen una gran oportunidad de promocionar sus productos a través de Instagram. No sólo hay un gran mercado, sino que hay una audiencia interesada a la que puedes llegar sin gastar grandes sumas de dinero. Si estás buscando sugerencias e ideas sobre cómo hacer publicidad en Instagram para tu marca.

El impacto de Instagram para las marcas

El 83% de los usuarios de Instagram dicen que descubren nuevos productos y servicios en Instagram (Facebook, 2019). Esto significa que están utilizando Instagram como un canal para inspirarse. El mismo estudio también revela que al estar en Instagram, las marcas pueden causar una impresión positiva en sus compradores potenciales.

Instagram no sólo está desempeñando un papel como motor de descubrimiento para las marcas, sino que ahora está reduciendo aún más la brecha entre compradores y vendedores, al presentar opciones como la compra en Instagram y el nuevo checkout de Instagram. El impacto potencial del uso de Instagram para los vendedores está creciendo. Es posible que Instagram desempeñe un papel en cada parte del proceso de compra de tus cliente. Los compradores están buscando inspiración a través de Instagram o investigando los productos antes de tomar una decisión de compra. Es en estos pasos en el camino donde los mercadólogos pueden influir en los compradores que utilizan la plataforma de Instagram.

Uso de las historias de Instagram

En agosto de 2016, Instagram lanzó las historias de Instagram. Esta característica permite a los usuarios tomar fotos o vídeos que desaparecen después de 24 horas. Después de lanzar esta función, la gente comenzó a compartir mucho más en Instagram. 500 millones de cuentas de Instagram utilizan Instagram Stories todos los días (Instagram, 2018). No sólo eso, sino que 1/3 de las historias de IG más vistas son de empresas.

Antes de las historias de Instagram, las personas sólo compartían la mayoría de sus momentos importantes, que no solían ser a diario. Instagram dio en el clavo con los stories, dándole a las personas una buena razón para compartir sus momentos cotidianos sin tener que mantener el contenido en su perfil. Esta es también una gran oportunidad para que las empresas aumenten su visibilidad. Hay un artículo que muestra cómo puedes crear historias de Instagram para aumentar tu audiencia.

Los usuarios de Instagram siguen a las marcas

El 50% de los usuarios de Instagram siguen al menos una marca (Mention, 2018), lo que significa que las empresas tienen una gran oportunidad de aumentar su alcance a través de esta red social. Ya sea que tengas una marca local o una empresa en todo el mundo, tienes el potencial de mejorar tu visibilidad utilizándola.

Con un perfil de Instagram Business, las marcas pueden agregar su información de contacto adicional, que no es una opción disponible para los perfiles personales. Esto incluye un número de teléfono de la empresa y la dirección. Si tienes un perfil de Instagram Business, también tienes acceso a los análisis de Instagram que te pueden proporcionar datos sobre las impresiones y los alcances por publicación, así como más información sobre tu perfil demográfico. Esto puede ayudarte a comprender qué tipo de contenido le gusta más a tu audiencia. Entonces, ya sea comida, ropa o cualquier nicho en el que estés interesado, puedes estar seguro que habrá usuarios interesados en seguirte a ti o a tu marca en Instagram.

El nivel de interacción en Instagram sí importa

El *engagement* o nivel de interacción en Instagram está en aumento para las marcas. Aumentó en un 29% entre octubre de 2017 y mayo de 2018 (Socialbakers, 2018). Esto significa que las marcas generan 4 veces más interacciones en Instagram en comparación con Facebook.

Si bien entendemos que el nivel de interacción de Instagram es importante para las marcas, la pregunta sigue siendo ¿cuál es realmente la interacción en Instagram y cómo se mide?. La interacción de Instagram es el grado de participación que tus seguidores muestran hacia tu contenido. Esto podría ser en forma de me gusta, comentarios o acciones. Instagram es una plataforma basada en contenido visual, la cual es una de las razones por las que tiene un nivel de interacción tan alto. Ofrece una plataforma para diferentes tipos de creación de contenido, como fotos, vídeos, vídeos en vivo, historias y también la aplicación IGTV. Esto aumenta la creatividad del contenido, ya que te brinda una amplia variedad de tipos de contenido para elegir. Si eres una marca o un negocio, deberías aprovechar el potencial de Instagram para mejorar las interacciones. Tenemos muchos consejos para que puedas mejorar tus niveles de interacción allí.

Instagram tiene un impacto en el trayecto de compra del comprador

Ya hemos analizado el impacto de Instagram para las marcas, pero ahora vamos a dar un paso más. Instagram ayuda al 80% de los usuarios de Instagram a decidir si comprar un producto o servicio (Facebook, 2019). Los usuarios de Instagram informan que tomaron una decisión de compra basada en algo que vieron al navegar por la aplicación. Por lo tanto, si tu marca no incluye Instagram en su estrategia de marketing de redes sociales, estás perdiendo una gran oportunidad. Especialmente si tu negocio está dirigido a los millennials.

Hay varias tácticas diferentes que puedes usar para impactar la decisión de un comprador en Instagram. Entonces, ya sea que utilices anuncios, hagas historias creativas o incluyas los hashtags más relevantes, todo puede importar si lo haces bien.

Conclusión

A través de los años, Instagram ha demostrado ser una poderosa herramienta de marketing para las empresas que buscan expandir tanto su visibilidad como su alcance. Esperamos que estas estadísticas de Instagram para el 2019 te hayan ayudado a entender por qué tu marca debería invertir en Instagram y ya tengas más ideas sobre qué hacer en la plataforma.

Resumen: Estadísticas de Instagram

Aquí hay un resumen de las estadísticas de Instagram para el 2019:

- Hay mil millones de usuarios activos mensuales en Instagram.

- Instagram es la red con más niveles de interacción después de Facebook.

- El 71% de los mil millones de usuarios activos mensuales en la aplicación de Instagram tienen menos de 35 años.

- Los usuarios de Instagram pasan un promedio de 53 minutos por día en la app.

- 500 millones de cuentas de IG usan historias de Instagram todos los días.

- El 83% de los usuarios de Instagram descubren nuevos productos y servicios allí.

- Instagram puede generar 4 veces más interacciones en comparación con Facebook.

- El 71% de las empresas estadounidenses usan Instagram.

- Instagram ayuda al 80% de sus usuarios a decidir comprar un producto o servicio.

- El 50% de los *Instagrammers* o usuarios de Instagram siguen al menos un negocio.

CPSIA information can be obtained
at www.ICGtesting.com
Printed in the USA
BVHW020034091222
653826BV00010B/45/J